MUESTRARIO DEL ALMA

Paco Padilla López

EDITORIAL

Poesía...
eres tú.

Muestrario del alma

Primera Edición 2024
© *Paco Padilla López 2024*

© *Editorial Poesía eres tú.*
https:// poesiaerestu.com
C/Dr. Fleming Nº50, 4ºD
28036 Madrid
Teléfono: 34 91 999 13 12

ISBN: 978-84-18893-71-1
Depósito Legal: M-5670-2024

MUESTRARIO DEL ALMA

PACO PADILLA LÓPEZ

ILUSTRACIONES DE EVA LÓPEZ JIMENA

No estás escribiendo.

Estoy con mi tren, ¿te gusta? Lo acabo de comprar.

¿Y desde cuándo no escribís nada?

Estuve de viaje.

Quizás ya no tengas nada que decir.

Mira, aquí te marqué varios trabajos posibles.

No necesito que me busques trabajo,

estoy bien así, soy poeta.

¿Qué oficio es ser poeta? Dónde dice aquí:

"Se busca poeta, buena remuneración".

PRÓLOGO

No recuerdo la primera vez que escribí algo que de verdad a mi criterio estuviese a la altura de la lectura ajena, pero sí recuerdo todas aquellas veces que emborroné libretas con fragmentos de poesía, cuando creaba archivos en el ordenador como punto de partida de novelas que nunca salieron a la luz.

El resultado de la prueba y error, de la exposición a la autoexigencia, de una pasión que se torna meta. Escribir poesía siempre ha sido una vía de escape, una puerta hacia otros mundos que vinculo con la realidad más cruda, con mi visión más ferviente de lo que me rodea. Los estímulos son infinitos, cada idea que aparece al contemplar una obra de arte, al leer un libro o simplemente pensar mirando al techo; son prueba de disfrutar la vida y exprimirla hasta la última gota. La sucesión de hechos a lo largo de mi vida que me han conducido a la publicación de esta obra han sido una causalidad producto del esfuerzo, el trabajo de escribir es rutinario, hasta el punto de conseguir una mímesis en el proceso que no distinga el movimiento de mis dedos del habla.

Esta obra podría llevar por título mi nombre, a puño y letra, como reflejo del traslado al papel de una vida. No somos más que una pincelada en un enorme cuadro como es la historia de la humanidad, trascender en ella es algo reservado a aquellos que lo ansían y que se ven capacitados para ello. Yo, por otra parte, solo necesito sentirme bien con las acciones que realizo y saber con determinación que hice todo lo posible por llegar a mi objetivo. La escritura es un método para conectarme con la espiritualidad del ser humano y poder alcanzar un estado de la propia concepción que se muestra latente.

Comienza como una reflexión personal en la que van aflorando nuevas cuestiones a resolver, manteniendo el interés a flote. Se desarrolla a través de la perspectiva individual en un mundo cada vez más globalizado, dejando permear las ideas comunes para que se adopten como propias. El ejercicio de la escritura va un paso más allá, requiere de un conocimiento propio que solo se alcanza a través de la introspección a lo más oscuro de nuestro ser, el miedo asciende y nos asusta poder conocer la verdadera naturaleza del ser humano, de nosotros mismos.

La escritura ha sido pilar fundamental en mi vida, la pieza que ha encajado los sentimientos en su sitio, la última llama que tratas de mantener viva. Es paz, la siento parte de mí y la consiento; le otorgo mis más profundos pensamientos con el único fin de compartirlos más allá de mi mente. No es solo que se presente como salvación, sino que es nacimiento.

Las palabras son muerte, renacimiento y vida del ser. Significan más que un simple lenguaje, son el punto de fuga de la civilización tal y como la conocemos, nos permiten hablar pausadamente y dibujar lugares recónditos del humano que escapan incluso a nuestra propia percepción. Este libro es producto de una idea en momentos determinados en el espacio-tiempo, de la ambición de superarme cada día a través de la extenuación de mi persona. Es un compendio de las partes más profundas de lo que puedo definir como "yo", una operación a corazón abierto de mi alma; la recopilación de momentos exactos de mi vida. Este libro soy yo plasmado en letras relativas a un abecedario consensuado, es una muestra de mi yo momentáneo que permanece en unas páginas.

NOSOTROS

Quiero deslizar mi boca por tu oreja para decir "te quiero",
que nadie más lo sepa.
Es algo de dos.
Quiero ver cómo se erizan los vellos de tus brazos, al
escucharme a escasos centímetros de tu oído, denotando el
deseo que subyace en nuestros cuerpos fusionados.
Quiero contar los lunares de tu espalda, equivocándome a
sabiendas, para nunca separarme de ti.
En este momento de lucidez; nada es relevante, todo se
desvanece, quedamos a la merced del tiempo.
Incapaces de huir de la realidad, somos fantasía para el otro.
La plenitud de la nada, el vacío del ser, el sentimentalismo en
lo prohibido, la inmensidad del amor, nosotros.

No me sueltes nunca

INTERSTELLAR

El amor va más allá de cualquier frontera.
Escapa a la inventiva humana, no nos pertenece.
Es solo un método para un fin, la propia vida.
Debe de significar algo más, un artefacto de otra dimensión
que aún no podemos comprender.
El amor es lo único que podemos percibir que trasciende las
dimensiones del tiempo y del espacio.
Inconcebible e inabarcable, una muestra de eternidad.
El soplo de vida que mantiene unidos a aquellos que ya no se
encuentran en nuestro plano,
un vínculo que escapa a la racionalización humana, disruptivo
con la divinidad.
El amor como única certeza en una vida que se cae a pedazos.
La tenebrosa pérdida de conciencia queda a un lado cuando el
corazón piensa por sí solo.
Confiar ciegamente en el amor como punto de partida,
una atracción natural por un estadio de lo humano relativo al
cosmos.

PALOMARES

Palomares, Almería a 18 de enero de 1966

Angustia, temor y solemnidad.
Un vacío que se rellena con el miedo, miedo a que se repita
aquello que nunca se imaginó.
Recuerdos de napalm, abrasión y carne putrefacta por doquier.
Recuerdos de lo que no vivimos.
La incesante incertidumbre que rodea el espíritu de un arma de
destrucción masiva.
Observamos día y noche cómo podríamos sucumbir a ello,
otorgándole cada uno de nuestros pensamientos.
Objetos inertes, sin vida, capaces de quitarnos la nuestra.
Los cuatro jinetes del apocalipsis frente a frente.
¿Qué hubiese ocurrido con su detonación?
¿Qué hubiese quedado del recuerdo?
Una mancha en la historia, oscura e incapaz de ser borrada.
¿Cuándo acabará esta espera inquieta, para muchos, desmedida
y agotadora?
El borrado de todo aquello como lo conocemos, el adiós a los
vecinos; aunque no nos conozcamos.
La memoria no es suficiente recuerdo para las catástrofes, no
para aquellas que no se pudieron rescatar ni siquiera en esa
parcela de "lo humano".
¿Qué hay de humano en una calamidad de tal magnitud?
Ni el más mínimo punto de fuga encuentra un símil,
ni el más mínimo rayo de luz permite creer en el sol.
Somos solo el recuerdo de aquello que jamás veremos,
somos el pueblo japonés aterrorizado y devastado.
Somos todo lo que, por un momento, pensamos que no
podríamos llegar a ser.

¿QUIÉN SOY?

¿Cómo podemos pensar al ser humano?
Esclavo de su propia creación, abandonado por Dios y dejado a su suerte,
siendo esta suerte su condena.
Prisionero de sus propias convicciones,
imbuidas de contradicciones y pecados que atañen a la carne.
Carne putrefacta, podrida; propia de la descomposición que primero sufre el alma y, posteriormente, el cuerpo.
No somos aquellos destinados a nada, solo existimos con el único fin de salvaguardar la especie.
Pero ¿para qué? La continua masacre moral, la vulneración de libertades, abusos indiscriminados; vicios que remiten a aquel jardín idílico en el Edén que se enmascararon como virtudes.
El ser humano es su propio mundo, la necesidad de crear una dualidad en correlación al plano espiritual, cielo e infierno; es solo una burda forma de escapar a la realidad.
Cruda, desesperanzada; buscamos ser en la ficción quienes nunca llegaremos a ser, parásitos de nuestro propio mundo.
El ser humano, esclavo de todo aquello que le rodea, solo podría ser salvado por aquel que lo ha retenido; su verdugo, él mismo.

SEMPERVIVUM

La erosión del ser humano es el tiempo, la infelicidad,
el desamor.
La incapacidad de sentir más allá de nosotros,
de nuestra propia relatividad.
Sentimientos encontrados pero que no coinciden, carentes de
sentido cuando se muestran frente al incesante desgaste de lo
cotidiano, la rutina.
Sin embargo, ahí te encontré, allí pudimos ser.
En una esfera que escapaba de los parámetros establecidos,
una sensación de pertenencia como si no fuésemos completos
desconocidos.
En el albor del amor, donde crece el interés y deviene en
cariño; estabas tú.
Radiante e increíble, a pesar de no haberte visto; inconforme
con no poder hacerlo, pero paciente a que llegase el momento.
Desesperante el tiempo cuando la espera no tiene fin, cuando
no sabes si es que algún día cesará y llegaremos a sentirnos.
Inquietantes, nerviosismo.
No obstante, cada día nos sentía más cerca, aunque no nos
hubiésemos movido.
Te sentía a ti y eso era más que suficiente.
Te amaba antes siquiera de saber expresarlo, por encima de
todo y, cuando te vi, una explosión.
Una explosión que resignificaba nuestros nombres, los unía;
mostraba el amor, tan bonito e inocente, pero seguro y maduro;
conseguía que el tiempo se desvaneciese.
Los corazones latiendo al unísono, el primer beso a la hora de
regreso, los primeros abrazos contra el tiempo.
Tus palabras en mi cabeza como eco en la eternidad,
repicar de campanas; somos más que humanos.

Tu amor como cura temporal, nuestra experiencia símbolo del sentir, nos liberan de los minutos.

Somos un sentimiento coordinado, bailando entre las cadenas de lo terrenal, dejando escapar mi alma de tus yemas.

Me haces sentir vivo, vibrante, cósmico.

Eres un rayo de luz eterno reflejado en mis pupilas, eres el amor de mi vida atemporal y serás mi permanecer en lo perpetuo de nuestros labios; la quietud de un susurro y la brisa de un "te quiero".

Eres mi todo, mi hogar.

YO, ARTE

El arte es el culmen de lo humano,
epicentro del desarrollo social.
Cualidades estéticas que se desarrollan a través de sistemas
impuestos.
Creaciones artísticas con raíces naturalistas,
orientadas a la representación de aquello que conocemos.
¿Es realmente el arte una creación ex novo o es simplemente la
conversión de la técnica en maestría producto de lo
observable?
¿Es el artista resultado del arte observado por cualquier
individuo?
El arte se presenta en forma de cotidianidad, de alegoría
mundana.
No es todo lo que se percibe, sino aquello que a través del
sistema estético se reflexiona a sí mismo,
aquello que es capaz de dirigir el interés de nuestra mirada,
un guía supraterrenal.
El arte como conexión divina, como genialidad.
Intrínsecamente ligada a lo patológico y anormal del espíritu.
El artista se vislumbra como un equilibrista entre el genio y la
locura,
¿Es su creación artística producto de los rasgos patológicos que
devienen del genio, o se deben a la capacidad de la locura de
presentar rasgos geniales?

FUJI-SAN

Una mañana tranquila,
los comercios aún no han despertado y la brisa es suave,
agradable.
Tu recuerdo me invade, la soledad te devuelve a mi memoria,
ni siquiera el primer rayo de sol, comienzo de la vida, me
permite despejarte.
La nieve visible, aunque a 3776 metros de altura, donde solo
importa respirar.
Es ahí cuando más te pienso, en el sitio en el que lo único que
importa es mantenerse vivo, mantenerte conmigo.
Los árboles comienzan a mostrar sus nuevas apariencias, tonos
amarillentos y marrones, haciendo visible el tiempo, acuciando
que el hoy ya es pasado.
Pero tú siempre eres y serás, aunque solo sea en mis
pensamientos.
Cuanto más lejos parece nuestro último encuentro, nuestra
última sonrisa entre lágrimas, más cerca me encuentro de ti;
y más lejos del resto.
Insignificante, el ruido de los coches, las conversaciones,
el rugir del viento.
No es que esté solo, sino que recordarte me lleva a tu lado, me
permite acariciar lo que una vez fuimos,
esa parte de mí que se fue contigo y que ya no soy.
En medio del bullicio, donde nadie atiende a su alrededor; yo
ni siquiera me miro a mí mismo.
Contemplo la inmensidad del cielo al que un día le sonreía
mientras pensaba que, estando separados, podríamos observar
el sol, las nubes y su plenitud de la misma forma.
Aliviando el sentimiento de vacío, pensando que de un modo u
otro estábamos juntos.
Hoy, el cielo sigue siendo azul pero mi mirada ha cambiado.

ANDALUZ

Hijos de aquellos que levantaron Andalucía sobre el cortijo del
señor,
hijas de las amas de llaves que no eran dueñas ni de lo que
podían llegar a imaginar;
Andalucía tierra de sol y trabajo; tierra de terratenientes,
ni siquiera nuestra.
Somos alegría, cante: bulerías, saetas; la brisa del
Mediterráneo, la bravura del Atlántico; somos vida, naturaleza,
acento.
Andalucía es madre y compañera, quien te arropa allá donde
estés, un pensamiento mirando al mar, una caricia.
Pero también somos miseria, hambre, angustia; somos los
exiliados en el 39, la Desbandá.
Un potaje a los pies de la Alhambra, las vistas desde la
alcazaba; somos paisaje.
Aquellos que pidieron autonomía el 4 de diciembre de 1977,
somos Manuel José García Caparrós, los que dieron la vida por
su madre; mi abuela recorriendo los montes de Almogía en
busca de un mendrugo de pan.
La posguerra, los desahucios, los desprecios del "ser andaluz".
Somos aquellos arrinconados y olvidados, desprestigiados;
aquel que vaga por las calles bajo la oscuridad al que nadie
mira, pero todos saben de su presencia.
Andalucía no es solo arte y cultura, la estereotipación de
nuestra tierra. Andalucía necesita de comprensión y de ayuda,
necesita que la dejen ser.
Es por eso que somos, en la medida que nos permiten, todo lo
que un día se imaginó que seríamos. No somos más que
nosotros.

Andalucía es cuna de nuestros abuelos que celebraron la autonomía pero que la sentían mucho antes de que se diera.

Es todo lo que cada uno sienta como propio.

Son mis abuelos, mis padres, mi hermana, mis vecinos, amigos, en definitiva; sus gentes.

Andalucía soy yo, libre de sentir, amar y de ser; libremente andaluz.

UN NUEVO DÍA

A pesar de todas las experiencias vividas, tengo miedo.
Un miedo imbuido en la personalidad abierta y extrovertida
que subyace.
Me da miedo que a pesar de querer ser yo mismo,
no sea suficiente,
que ese yo que me gusta mostrar solo sea completo desde mi
mirada.
Me da miedo sentirme solo, en un mundo cada vez más
objetivo y global;
donde cada uno es solo una porción de aquellos a los que
quiere.
Me da miedo que el juicio sobre mí mismo quede obsoleto,
no presentarme como alguien a quien admiro.
Me sobrepasa la idea de vivir sin un rumbo, fijo o no,
adaptado a mi propio ser.
Lidiar con la frustración de no estar en el momento correcto,
de no poder ser más que una hoja mecida por el viento
ubicada en el lugar correcto, pero no idóneo.
Me dan miedo los callejones oscuros que me conducen a mis
pensamientos.
Pero son estos miedos, como si de un baño de agua fría se
tratasen,
los que me hacen sentir vivo.
Esa pequeña parcela individual, que solo uno mismo conoce;
que nos permite de forma visceral presentarnos al mundo como
un ser imperfecto.
Un ser que gracias a su propia subjetivación enfoca un lugar de
término
¿Son nuestros miedos propio alimento de nuestra vida?

Estudiado a fondo, a modo de engranaje, conozco cada una de las piezas necesarias,
de los senderos laberínticos de la existencia;
no hay vida sin la autorreflexión de aquello que nos aterra,
de aquello que somos.
Y es que, me da miedo vivir sin alcanzar a ver;
sin haber comprendido el verdadero sentido de la vida,
no siendo este más que una pregunta en continua formulación.
Sin respuestas claras, más que las que le podamos otorgar en cada uno de los estadios de la vida.
Lo desconocido asusta, pero aún más aterrador es no conocer más allá de lo que ya somos,
el horizonte es demasiado amplio como para solo abarcarlo con una mirada.

TUS OJOS MARRONES

Superponer tu felicidad a la mía solo es un acto de fe,
pensar en ti como un amor atemporal, superviviente.
A ojos del resto somos un cristal borroso y cegado por el vaho,
pero desde tus ojos marrones la vida cobra sentido, se convierte
en un sueño lúcido.
Tu sonrisa es el punto de fuga de mi horizonte,
la banalidad de la vida sin ella, indescriptible.
La guerra interna se alimenta del deseo de permanencia;
de una consecución infinita de preguntas sin respuesta
donde cada una de ellas desenfoca esa visión del horizonte.
Hasta que tu cálida voz me arropa.
Cuando la esperanza se consume te presentas,
acaricias mi alma con tus pupilas y me desnudas con tu
presencia.
Eres una tarde de verano
sentados frente al mar, en un pareo morado,
mientras jugamos al solitario.
Te transformas en el primer rayo de sol que entra por mi
ventana,
no quiero que se termine.
Eres mi momento de escribir,
esa paz de las teclas sonando a las dos de la mañana;
mezclando mis pensamientos con lo material
mientras se transforman mis inseguridades y miedos en
certezas,
donde cada una de las palabras alude a ti.
Ese único momento en el que la realidad es sumisa,
permitiéndome moldear cada sentimiento en una alegoría sobre
ti.

Todo aquello que siento es inabarcable,
eres lo que mis limitaciones humanas y cognitivas no me
permiten expresar;
inmarcesible, como una gota de nebulosa.
Eres capaz de alejarme de los límites del tiempo y del espacio,
eres mi definición más amplia de amor.
Te revelas como concepción onírica,
la exteriorización de mi más profundo sentimiento,
puro y sincero,
es solo un acercamiento a través de una pequeña abertura.
Porque un "te quiero" jamás será suficiente,
este escrito jamás será suficiente,
entregarte mi vida jamás será suficiente.
Ni siquiera la eternidad sería suficiente
si eso significa no poder vivir una vida mortal a tu lado.

DESPEDIDA

Cuando el cuerpo ya no pueda sentir,
siénteme con tus recuerdos, con lo que fuimos.
Llegará un día en que no distinga el verano del invierno,
un día que no sea capaz de escucharte más.
Si ese momento llega, más pronto que tarde,
no te olvides de disfrutar, de vivir;
como si nunca nos hubiéramos separado.
En la víspera de mi despedida,
donde ya no importa si migra o no la golondrina;
cuando las hojas pueden ser perennes en cualquier estación,
es allí donde me encontrarás.
Cuando ya solo sea un pensamiento recurrente al escuchar una
canción,
donde solo tú y yo nos encontramos a través de una frase;
perdidos en una inmensidad impensable.
Cuando me haya ido, cuídate por mí,
borra esa imagen estática con la que me fui;
no esperes a que la tristeza recorra tus mejillas.
Congélame en el tiempo, siempre y cuando tus ojos puedan
recuperar la llama de la que una vez me enamoré.
Siénteme sin dejar de sentirte.
Quiéreme sin dejar de mirarte.
Quiérete, sin dejar de ser tú.

RAZÓN DE AMOR

Tus ojos son la ventana a mi propio yo,
tu piel un espejismo de mi pasión.
Tu mano es mi apoyo al caminar;
siguiendo tu mirada todos mis pasos.
Tu boca es una ecuación sin descifrar,
intensa e inextinguible en el pensar.
Tus pies son el comienzo de mis historias,
concebidas para no tener final.
Tus uñas mi tatuaje temporal,
dibujando la línea del bien y el mal.
Tu expresión es el reflejo del corazón
que me permite leerte de par en par.
Tus piernas mi más sincera perdición,
un lugar donde no se pone el sol.
Tus abrazos me cuentan tu pasado,
tus labios prefieren quedar sellados.
Tu mente es una maleta de mis recuerdos,
tus manos y las mías hielo y calor,
incapaz de sentir afuera el invierno
si tus labios son una explosión de fuego y vapor.
Tu espalda es un hotel de 5 estrellas,
y yo el gato que ronda por donde vas.
Tu complicidad es mi plan suicida,
tus pupilas mi eternidad.
Tu amor es una noche de verano,
tus miedos delatan tu ingenuidad.
Tu cuerpo es el protagonista de mis sueños,
tu risa es una mirada al mar.
Tus lágrimas las culpables de la sequía.

Tus caderas son el boulevard de mis dedos,
tu marcha es el cierre del telón.
Tu vientre, un futuro por descifrar.
Tú, mi razón de amor.

FRANJAS

Polvo, escombros y ceniza.
Una civilización bajo el yugo tecnológico,
seres humanos sepultados por sí mismos.
Los recursos, el petróleo, valen más que una vida.
Desamor, rutina, aspiraciones, esperanza.
Ya nada importa, solo sobrevivir.
¿No somos más que un medio para el fin?
Esclavos en una caja de cristal,
con la percepción de la realidad alterada.
No somos más que nada,
una mota de polvo en la inmensidad del planeta,
una gota de agua en la infinitud del océano.
Tan volátiles como un suspiro,
fáciles de suplantar desde el desconocimiento;
imposible de hacerlo desde el corazón.
Es eso el motor de la vida,
la importancia relativa de uno mismo,
su permanencia sentimental dentro del círculo.
Todo se desvanece con el último aliento,
exhalado por un tubo de metal que dictamina sentencia.
Sucumbimos al "progreso".

PALABRA Y BELLEZA

¿Cuál es el fin último de lo bello?
Su vida se atañe a la nuestra y su percepción.
Enclaustrada en un ámbito cerrado, una concepción onírica de su presencia.
¿Cómo se representa lo bello, si no es encadenado a su expresión?
Expresión libre, pero reglada; en un formato alfabético.
Los preceptos de lo humano aúnan a la estética.
¿Son imperturbables los conocimientos y sentimientos que no se expresan, aun no pudiendo ser expresados?
Nuestra dimensión material es inseparable de nuestra cognición, las palabras son el vínculo de dos mundos.
La percepción de lo real se altera, se muestra débil, cuando la formulación del espíritu se torna verbo.
La belleza es ubicua, trascendente en dimensiones; pero solo adquiere significado cuando se muestra partícipe de ese vínculo.
La palabra trae hacia delante sensaciones, descubre.
En un segundo plano de la dimensión cognoscible, la estética y la belleza, inalteradas, permanecen y a través de su formulación en palabra, emergen.
¿Es entonces, destino de lo bello ser esclavo de lo humano?

SÍNDROME DEL OJO SECO

La tristeza te inunda cuando no hay razón de ser,
cuando tus objetivos se difuminan en tu presente.
Es solo una percepción nublada de la mente,
pero con una afección física palpable.
Una sensación de desarraigo por sí mismo,
la incapacidad de sentirte tú en tu propio cuerpo.
Lucidez momentánea, con una visión en tercera persona de tus
acciones.
Enfermedades sin causa aparente, vicios padecidos por
repetición.
Un largo camino que recorrer sin más guía que la intuición.
Estoy triste sin razón aparente,
quizás el simple hecho de la existencia me inunda;
no saber si la soledad es el destino o solo el proceso.
¿Cómo sé si el ahora es mi futuro o es únicamente ahora?
Para conocer solo hay que formular,
para estar solo únicamente tenemos que estar vivos.

ADIÓS

Ya no hay luz.
Solo los reflejos de una farola parpadeante.
No hay luz en mi interior,
te la llevaste.
Vago sin rumbo, hastiado.
Llora el corazón intentando recuperarte,
sangran mis ojos al recordarte.
Perros, gatos y cucarachas me acompañan.
Levito en mis recuerdos,
sentado en un banco de la calle donde nos veíamos.
Guardo tu hueco por si quieres volver a sentarte.
Un solo paso en falso determina mis acciones,
el efecto mariposa de tu partida.
El registro de un tsunami en Creta,
la detección de una enfermedad terminal,
un genocidio auspiciado por la ley internacional.
Los niños ya no lloran al nacer, permanecen hieráticos.
La libertad es un constructo,
un recuerdo de momentos pasados.
La aceptación de la desigualdad es un paso más,
la normalización es solo el final.
El corredor de la muerte es el pasillo de nuestra casa.
Pensar en la llama solo adelanta las cenizas.
El planeta es una prisión, magnífica e impenetrable.
¿Quién asegura que la muerte nos libre de la muerte?
La felicidad se desvanece.
Existe un punto final.
No quiero encontrarlo,
solo presenciar la decadencia de la sociedad
desde unos ojos que jamás volverán a sonreír.

Desde el prisma negativo y lúgubre que he decidido aplicar.
La farola sigue parpadeando.
Tu hueco en el banco sigue vacío.
Nada ha cambiado pero todo es distinto.
No consigo levantarme, tampoco quiero.

SIMULANTES

Sujetos a convenciones impuestas.
Presos de las órdenes de otros.
Incapaces de luchar por libertad.
Cruda sociedad industrial en la que vivimos.
Sometidos al progreso,
esclavos de la industria.
Bienes de equipo, instalaciones eléctricas.
Esclavos de la tecnología de pequeña escala.
Nuestra conciencia dormita.
No somos más que procrastinación.
Una pequeña fuerza de trabajo sin ocio,
encaminada a un precipicio aceptado en aras del progreso.
Regresión social.
Imbuida en aparatos electrónicos que albergan nuestra alma.
La vida se desvanece entre pantallas.
La tecnología como medio alienante,
el principio de un control total.
Cámaras de vigilancia, micrófonos, datos almacenados.
Un número en el disco duro.
Sin más relevancia que la propia existencia,
que el propio acopio.
Una pieza más del engranaje,
una vida sin aspiraciones.
La concepción teológica del progreso.
Una vida sin conciencia, orquestada.
Pocos supervivientes, dispersos.
Una revolución industrial abocada al triunfo.
En la que participamos sin capacidad de elección.
El colapso tecnológico es una utopía.
El de la sociedad, una premonición.

DESPERTAR

Estamos conectados.
Una llama inextinguible cálida y azul.
Separados por 4 metros de altura y dos países.
Te pienso y te escribo.
Solo puedo recordarte en mis cartas,
con la esperanza de que algún día las rocen tus dedos.
Compartir la misma visión del cielo.
Coincidir en nuestras miradas;
en nuestras aspiraciones.
Berlín es un polvorín.
Saltar, escapar, encontrarnos.
Mis "te quiero" traspasan el hormigón.
Acarician tu piel y te arropan en la noche.
A la luz de las velas, te materializas.
Perdóname.
No he sido capaz de ser aquel de quien te enamoraste.
La desesperación erosiona mi ser.
La soledad carcome mi alma.
Te desvaneces.
Las preguntas inundan mi cabeza.
¿Y si al volver a mirarte no te reconozco?
No soy yo el del espejo.
No eres tú la que aguarda mis palabras.
Nuestra conexión imperecedera solo existe en aquel momento.
El tiempo castiga incluso al inocente.
Olvida al desamor, cura el amor.
Éramos dos, en aquel preciso instante en el que me separé de ti.
Cuando mis ojos entraron en conflicto con los tuyos.
Cuando las lágrimas eran bombas en un terreno yermo.
Tus palabras resonaban más que los disparos alrededor.

Tu adiós fue el portazo a nuestra convicción.
Hoy, el muro solo se yergue en mi deseo de seguir a tu lado.
Alegando que es eso lo que nos separa
y no la indiferencia del paso de los años.

DUALIDAD

Los falsos dioses nos han abandonado.
A 3 metros bajo el suelo yace la verdad.
Dentro de una urna cineraria se esconde una vida.
Paganismo moderno, tecnología divina.
El vórtice del consumismo vicia las relaciones humanas.
Una vida vale más a un lado del océano.
Palabras de aire y de acero.
La oscuridad del estrecho.
La luz inextinguible de Madrid.
La retribución de tu primera nómina.
El pago del salario en una botella de agua.
El tiempo no entiende de zonas horarias.
Un minuto no es igual en todas partes.
Mi felicidad es compartida con mi círculo,
pero solo es una mota de polvo en el universo.
Causalidad y destino, azar y decisión.
Una vida próspera a los 80.
Una muerte por malaria a los 5.
¿Inevitable cauce de la vida?
¿O cualidad caprichosa del desarrollo humano?
El vino consumido es la sangre del mundo.
Un mundo afligido, entristecido, que llora.
La negación de la realidad como velo.
Subjetivizar la experiencia vital humana,
disponer la individualidad como regla.
La muerte es fundamento de la vida.
La vida en agonía es fundamento del ser humano.
El infierno se muestra en un plano terrenal,
el cielo es un pensamiento vago con el que aliviarse.
La dispersión de la conciencia en un mar que se evapora.

El hacinamiento de Kowloon que nos acerca al cielo.
Una moneda al aire para decidir nuestra vida.
Dos finales para el burdo teatro del que formamos parte.
La despedida amarga de nuestras convicciones.
Un pensamiento que deriva en la reflexión.
La necesidad de guía más allá del espíritu.
La relativización de la moralidad,
inducida a dudas, personificada en ti.
¿Preferimos conocer o permanecer felices?

EL TRIUNFO DE LA MUERTE

Las calles inundadas por el tumulto que huye.
Huyen de la muerte que acecha en barcas de madera.
Una invasión de cuerpos putrefactos y en descomposición.
Incluso el sol ha desaparecido.
Los pecados se ciernen sobre la población,
sus castigos se aplican en imitación.
El único escondite es una caja de pino.
Resuenan los tambores, al ritmo de los gritos.
Asesinatos, avaricia, violaciones, lujuria.
La fiesta de la muerte es solo el principio,
las cornetas anuncian la continua destrucción del mundo.
El ejército del inframundo salda sus deudas.
Un poblado destruido, una tierra yerma.
Comportamientos cuasi humanos, espejismos de la sociedad.
Muertes por asfixia, tristeza en los verdugos.
Los vivos ya no pertenecen a este mundo,
frío, desolado y desamparado.
Los ojos de Lucifer en cada miembro del ejército.
Un mundo de sombras que invierte los roles.
Repicar de campanas.
Advenimiento de la hora final,
en un ambiente turbado con olor a carne chamuscada.
Comida para seres insaciables.
Absortos de la situación los amantes se besan,
un solo momento de calma en el descontrol,
el último exhalo de la vida.
La agonía se extiende.
Todo arde.
Los atabales dan comienzo a la Danza de la Muerte.

LUCIFER

La ruptura de la comunión con Dios,
comienzo de sus problemas, de su destierro.
Expulsado por su propio padre,
sus lamentos se escuchan en el vacío existencial.
Ahogado en sus sentimientos.
Una lágrima recorre su mejilla,
sus ojos candentes dan a luz a sus más puros sentimientos.
Rencor, soberbia, humillación, rabia.
Su expresión se marchita y sumido en la podredumbre de su
corazón, respira.
Sus alas, inservibles, son arrancadas.
Exterminando cualquier relación con su anterior desempeño.
Su piel se torna en ceniza,
evidencia de su propia muerte.
Sus manos finas y delicadas se transforman,
garras teñidas de rojo carmesí.
En su descenso su mente se pudre, envenena su ser.
Su corazón se esfuma,
emerge una llama elemental.
Ya no es sirviente, es un rey.
Gobernante de la oscuridad,
solitario cae en el olvido.
Únicamente su nombre permanece.

RUTA SEPTENTRIONAL

La tranquilidad de un poblado en las montañas.
Una reconfortante taza de té.
La pasión de escribir un libro a la luz del amanecer.
Una brisa de otoño, que no deja marchar al calor pero acontece
al invierno.
Un rato de descanso observando el cielo.
Una caminata por aquellos caminos ya recorridos.
La ilusión por conocer.
Una tarde de lluvia horneando pan.
La felicidad en un recuerdo.
Una canción que te hace llorar.
El sosiego de saber que, aunque nada esté bien, estás tú.
Conseguir sobrepasar esos malos momentos.
Amarte en la rutina.
El detalle encontrado observando las pequeñas cosas.
Un abrazo en el aeropuerto que cura heridas.
Saber que la quietud de mi vida es un regalo.
Encontrar disfrute en la relajación.
Reflexionar y pensar, como modo de acercarme a ti.
Una mañana en la biblioteca enclaustrado en mis labores.
Aquel día en que nos conocimos.
Un paisaje bucólico con el que solo puedo soñar.
Sentirme vivo, experimentar nuevas sensaciones.
Explorar el mundo desde mi imaginación.
Transformarte en palabras.
Esperar la visita de un amigo.
Una última celebración de cumpleaños.
Sentir la hierba en los dedos de los pies,
acariciar tu espalda a la sombra de una encina.

Eres todo aquello que me sana,
la concepción más temprana de mi ser,
la primera luz que alumbró al universo.

EN LA OSCURIDAD

En la confusión de la noche, la única luz es la que emerge de
mi interior.
Solo puedo verme a mí, hundido en mis pensamientos.
No consigo acallar las voces.
Un ritmo melódico que asciende y no me deja ser libre.
Las paredes se llenan de sombras.
Me atormentan mis malas decisiones, me guían al abismo.
¿Soy mis deseos de mejorar o aquello que me ha determinado?
No hay monstruos debajo de la cama,
caminan conmigo, prisionero de sus designios.
El corazón se apresura.
No hay razón para tenerme miedo.
No consigo levantarme,
mientras duermo me aprisiona el pecho.
El cielo azul se ha convertido en una pared blanca.
No quiero seguir.
Prófugo de la medicina moderna.
Volar sin mirar atrás.
Aliviar el dolor con más dolor.
Acercar el umbral de lo humano a lo eterno.
Desaparecer las terminaciones nerviosas queriendo esclarecer
mi mente.
Ser yo únicamente a través del recuerdo.
Dejar de huir, descansar.
Verme desde la nada, sentirme vivo en el vacío.
Un grito sordo.
La tranquilidad de mi alma.
Una línea recta en el monitor.

EDÉN

La concepción de la humanidad se retrotrae a una creación
inverosímil.
Una unión entre el cosmos y la tierra.
Animales de ensoñación, figuras humanas determinadas por un
presagio.
La festividad de la carne, círculos de amor entre bestias y
humanos.
La imaginación como telón de fondo,
el cuerpo como límite.
Estructuras habitables que escapan a los sentidos.
Marionetas que un creador abandonó a su suerte.
El pecado como nexo de unión.
El cielo se parte en dos.
La concepción del plano mortal como una prisión.
La capacidad de hacer de las rejas nuestro hogar.

MOTIVO DE EXPRESIÓN

El arte es un elemento vivo.
Dormita en cada uno de nosotros, esperando ser materializado.
Busca sus propios rincones, acertijos que resolver.
Se esconde de aquellos que lo desprecian,
se desnuda a quienes está dispuestos a entregarse a él.
El arte es producto de las vivencias de su autor.
Es determinado.
Es la resolución de infinitas obras de arte.
Revestimiento de vidas pasadas,
de motivos que encienden la llama del alma;
capaces de crear solo a través de sentir.
Un conjunto de experiencias, sensaciones, sentimientos;
dispuestos al autor a través del tiempo en forma de otros tipos
de arte.
El arte es símil del humano.
Una combinación de resultados,
otorgadas por la mezcla azarosa del destino.
No somos más que todo lo que hemos sido.
El desarrollo vital artístico es humano.
La manifestación del estímulo concreto del genio artístico,
la consecución del amor advenida en otro ser humano.
El nacimiento como arte primordial, su imagen primigenia.

EL JURAMENTO DE LOS SIETE PALADINES

Mentes trastornadas para complacer a la gente, meditando en
mi ser solo para salir a flote.
Tratar de ser yo, evitando ser yo para que nadie lo note.
Criticar a las corruptas organizaciones, traficantes de sueños.
Respirar polvo de hierro en Mauritania, mientras tu casa se
derrumba.
Rezarle al mar en una tormenta a mitad del Estrecho.
Ser incapaz de escapar del terror sin salir de tu país.
Castigar al fuego con fuego.
Respirar guerra y miedo.
Sentirse impotente ante la metralla.
La religión del dinero.
Las reglas de la guerra, se ha convertido en un baile de
máscaras.
Las muertes se cuentan por millares, las órdenes se dan a miles
de kilómetros.
Democracias fallidas, estados autoritarios.
La mercadería humana a la orden del día.
Nuestros zapatos valen una vida en Bangladesh.
Latinoamérica hundida, Henry Kissinger se viste de cordero.
Los narcóticos comunes duermen a la población,
los estupefacientes son las nuevas píldoras de la evasión.
Una sociedad podrida encerrada en sí misma.
Carcomida por una visión alterada, alejada de lo real.
Donde una manifestación es nuestro acto de fe,
donde un voto "mueve" el mundo.
Guerrillas rudimentarias contra M1 Abrams.
Pueblos esclavos de la codicia, afectados por decisiones desde
otro hemisferio.
¿Cómo detectar al menos culpable de los verdugos?

La inflación dificulta la vida, la carne sube de precio;
la vida no vale nada.
El aire contaminado puebla las ciudades, malditas por aquellos
que las habitan.
Las islas de basura nuestro nuevo hogar.
Esclavos de la rueda del capital, de los dictámenes del Tío
Sam.
Una bala amartillada, otra arma fabricada;
el círculo es repetitivo.

IKIGAI

Distorsiones de las dimensiones apreciables.
La referencia de los sentidos, me adentro en una neblina
espesa.
La razón y la conciencia se mantienen en un segundo plano.
Nada de lo que me encuentro es pensado,
nada ha sido anteriormente concebido.
El desarrollo empírico alcanza sus límites,
la experiencia es banal.
El vocabulario se difumina, la descripción es innecesaria.
La visión, traicionera, no me permite imaginar.
Las paredes son hielo seco, el tacto desaparece.
Vago solitario por este plano.
Longitudes, áreas y volúmenes infinitos.
Un infinito perpetuo, potencial metafísico.
La indefinición de nuestros límites, estoy siendo;
aunque aún no soy.
Realidades otorgadas, verdades dadas.
Pensar en aquello más allá de lo ya conocido,
la certeza de no creer en la entelequia.
Mi ser, completo y encerrado en sí mismo,
es infinito en su percepción.
Mi espíritu es incontenible en forma.
Tú y yo solo somos la expansión y la duración modificadas de
un infinito conjunto.

EL LABERINTO DEL MIEDO

Mis propios pensamientos me impiden pensar.
La preocupación me asfixia.
No puedo más.
Mi cabeza no descansa.
Mi cuerpo está sedado por mi conciencia.
Respiro profundamente.
La calma ha abandonado mi cuerpo.
La enfermedad ya es una parte de mi ser.
La incertidumbre aplasta el único rayo de luz que se cuela por
mis retinas.
No consigo salir del pozo.
Paredes resbaladizas, humedad, frío en los huesos.
Nadie va a rescatarme.
Enfrentarme a mis miedos es un barranco insalvable.
Prefiero saltar al vacío con la esperanza de dejar de sufrir.
No solucionar el problema parece la única solución.
Correr en un pasillo que se torna infinito,
huir a través de tus abrazos.
No puedo más.
La incomodidad de estar conmigo mismo.
Un pensamiento que se vuelve bucle, repetitivo y dañino.
Una mente en blanco.
Fortalezas que devienen en trastornos.
Me desgarra lentamente,
mi carne es solo la exposición de sus acciones.
Mi rostro está en calma, mi alma grita ayuda;
ecos en una incertidumbre que me aprisiona,
un espejismo de mi ansiedad.
Bailar con el pánico.

NIKON D90

La inmortalización de un segundo en un carrete.
La importancia de la vida como recuerdo.
Una danza de luces y sombras, objetivas.
Disparos directos al alma,
a lo más profundo de nuestro iris.
Nos transporta, una ventana hacia el pasado.
Ubicados en un espacio al que ya no pertenecemos.
Una danza de luces y sombras que detiene el tiempo.
Un silencio capturado a través del objeto.
Una vida en un marco de 15x18.
Una melodía hecha imagen.
El vocabulario de los píxeles, la lengua de los ojos.
Reconstrucciones de quienes somos, una visita a lo olvidado.
Efímeramente bello, instante eterno.
La fotografía de tu madre, una permanencia en tu vida.
Un enigma que abraza al corazón.
Una ficción remanente de lo real.
La estadía del amor.
Vórtice de sentimientos, lágrimas en el cristal.
Vértice de la memoria.
El cumpleaños del abuelo.
Una foto, duelo.

TSUNDOKU

Almacenar en una base de datos personas, sentimientos,
recuerdos...
Todas y cada una de nuestras acciones tienen un sentido,
todas nos empujan hacia delante.
La rueda no se detiene, el tiempo avanza sin hacer caso de los
relojes.
No atendemos a nuestro alrededor, solo a un futurible yo.
Despreciamos la reflexión, abandonamos el mínimo atisbo de
duda.
Las preguntas son condicionales, ninguna busca respuesta.
Mis latidos se ajustan al ritmo frenético de mi rutina.
Alimentar tu alma, disfrutar un rato al sol,
pasear sin rumbo; son pérdidas de tiempo.
Vasallos de aficiones que nunca desarrollamos.
Experiencias acumuladas por miedo a no sentirse vivo.
Púas que se adhieren a la carne imposibles de extirpar,
sentimientos nocivos que inhiben el deseo.
La verdadera lucha por el yo.
El ego de una presentación en mayúsculas.
Mortificado por la procrastinación.
El anhelo de no ser mecido por el viento.
Comprar un jersey porque está de oferta.
El gozo individual permeado por lo social.
Nos hemos vuelto esclavos de nuestra potencialidad.
Los libros ya no caben en la estantería,
no he podido empezar ninguno.

CÓDIGO DE BARRAS

Una réplica perfecta de mis emociones.
La inquietud de mi corazón de buscarte,
más allá de las lindes de lo prohibido.
La mitad que entrelaza mis manos.
Tu aparición de las sombras como salvadora,
el discurso del despertar de mi autoconsciencia.
El amor configurando las líneas de la matemática y la carne.
Dos seres genuinamente dispares unidos por un vínculo etéreo.
La vasta superficie del planeta, la casualidad del tiempo, un
segundo de más; solo encendería la llama de la incertidumbre.
¿Somos producto del destino?
¿Existe una conexión no programada?
Los cables interfieren con la naturaleza humana.
Las redes sociales me acercan a entender tu condición,
consecuencia de una sucesión de 1 y 0.
Un holograma que evoluciona a los estímulos,
que presenta rasgos definitivamente humanos.
La vida se abre camino.
¿Eres la réplica de mis comportamientos o una adecuación a
ellos?
Evidencias legítimas de desarrollo consciente,
mis lágrimas como prueba.
Nuestras fotos en un álbum, cogiendo polvo y sirviendo de
alivio en tardes de lluvia.
Tu apoyo en momentos donde el oxígeno me falta.
El llanto agónico en la pérdida.
La intangibilidad de tu cuerpo,
la estadía de mis sentimientos hacia ti.
Sé lo que es real.
Al menos, lo sabía hasta que te conocí.

MESA PARA UNO

Me encanta verte sonreír, verte feliz; disfrutar de la vida.
Verte conseguir lo que yo un día solo soñé.
Un amor incondicional desde el primer momento en que te vi.
Oculto la tristeza de mi alma, no quiero preocuparte.
Lloro mientras duermes, el agua sigue corriendo.
La luz del móvil me alumbra, no puedo dormir.
Quiero despertarte y que me veas por dentro,
ser capaz de acompañarte en un camino largo y abrupto.
Unas vacaciones en Mallorca,
yendo al karaoke, comiendo al lado de la playa.
Disfrutando un hotel de 5 estrellas,
sonriendo cuando mis ojos gritan auxilio.
Un último baile a las 6 de la mañana,
cuando ya no queda nadie,
la música ha dejado de sonar,
el roce de nuestras manos es nuestra melodía.
Me adentro en tus ojos, no quiero irme.
Pensamientos de remordimiento me carcomen.
Lo siento por todo aquello que hice mal,
por las veces que no pude hacerte sacar esa bonita sonrisa,
por los momentos en los que no estuve y en los que no te podré
acompañar.
Te esperaré en la eternidad,
siempre y cuando puedas perdonarme.

2070

Tecnología fabricada para no discernir lo real de lo holográfico.
Rodeado de materiales y compuestos electrónicos,
la vida se bebe en un vaso de whisky.
Aunque hay dos vasos en la mesa, uno para mí;
el otro por si algún día viene visita.
La marca de la soga en el cuello,
moretones que no se van de la piel.
Las hojas de los árboles ya no se caen.
El clima es solo un acomodamiento a nuestro estado de ánimo,
otro método de control.
El trabajo, esclavista y rutinario,
es la única opción de interacción social.
El arte moderno, la inteligencia artificial;
la imperiosa necesidad de destacar.
Ser solo una lágrima en la lluvia, uno entre tantos.
Soy una imitación de un ser humano,
una cáscara de sueños vacíos, un caballo de madera.
Nada a mi alrededor se presenta como cura.
Mi visión es oscura, atormentada por las cadenas de mis
propias expectativas.
La importancia relativa de mi vida es insignificante, no existe.
Una hoja más en la libreta, un sinónimo.
En un mundo decadente, la humanidad es una estrella en la
constelación;
el comportamiento humano es un recuerdo de tiempos pasados.
La vida inexorablemente pasa, sin conciencia de preferencia;
sin un propósito claro para nuestra pequeña esperanza.

EQUILIBRIO

Ni siquiera uno mismo escapa al flujo social,
ciudades corroídas por la protervia de los seres humanos.
Dentro de la rueda, sumido en un vértice de odio,
me encuentro.
Soy pensado a través de las líneas morales ajenas,
cautivo de sus convicciones, libre dentro de sus rejas.
No puedo ser concebido sin sentirme juzgado,
autoimposición de castigos por vidas pasadas.
Un perdón sincero que nunca es suficiente.
La cautela de las palabras, el ruego por el silencio.
Una búsqueda objetiva por la mejora del humano,
la subjetivización de mi propia salvación.
Hallar la paz en uno mismo, recomponerse a través del diálogo;
un viso de esperanza al lado de una vida envenenada.
Un corazón podrido de latir, hastiado.
El dolor solo me recuerda que estoy vivo,
las pesadillas no abandonan mi ser,
para la absolución de mi alma es demasiado tarde.

ETERNO RETORNO

La dualidad permeable del ser humano,
un recóndito paraje a explorar, nosotros mismos.
El eterno retorno a lo que deseamos vivir,
capacidades innatas de poder adquirir hábitos y virtudes.
Pensamientos en bucle que se revelan como ideas
preconcebidas.
Vidas que aspiramos a poder obtener, sueños lúcidos.
Situaciones que se repiten consecutivamente en mis
pensamientos,
emociones que se desarrollan solo en el ámbito de lo que aún
no ha ocurrido.
Una vida que pretende ser conocida, aún indeterminada.
Una destrucción del mundo previa a su recomposición,
almas que se reencarnan en similitud.
El retorno a lo que ya hemos experimentado.
Círculos de fuego que exterminan lo que somos.
Una lucha eterna, un esfuerzo inútil.
La inevitabilidad volátil de lo material.
La creación desde su estadio primigenio,
imposibilitando el crecimiento del humano más allá del techo
conocido.
La impunidad de nuestras acciones,
la maldad en bucle;
pensar en la infinita repetición de nuestro ser.
Un mundo nuevo, aunque ya visto,
determinados por las decisiones ya tomadas,
una vida con reminiscencia de haber sido vivida.
Hechos cíclicos que se repiten hasta la eternidad,
el nuevo nacimiento del yo.

MI MÁS SENTIDO PÉSAME

Una soledad creciente entre millones de habitantes.
La ineficacia de la terapia para el tratamiento de mi ser.
Una vida vacua de emociones, ya vivida por otros.
No sentirme yo dentro de mi propio cuerpo.
Abandonar tu tierra, emigrar hacia lo incómodo.
No saber el destino, no estar seguro del comienzo.
No sentir hogar ninguna de las paredes que habito.
Conformarme a través de recuerdos inexactos,
mantener encendida la llama, a pesar de desvanecerme por ello.
Encontrarme a mí mismo en el vértice de la locura.
Ser un turista en mi propia ciudad,
una consecuencia del tráfico.
Recuerdos que no son míos.
Una vida que ya no me pertenece,
un nuevo alma que me habita.
¿Quién soy si ya no soy yo?
El fervor del descubrimiento de la persona,
las posibilidades efímeras de volver a nacer.
Una mezcla de la fricción estelar,
una tierra en la que ya no me encuentro.
Ruido de coches, bullicio en los centros comerciales,
estornudos matutinos.
Me siento ajeno a todo lo que soy.
La exploración de mi yo interno es vigente, una necesidad.
Conocer el verdadero motivo de mi sufrimiento solo ahonda en
la verdadera naturaleza de mi cuestión.
No soy más que un grito que nadie escucha,
una palabra que se vuelve insignificante,
un poema en una antología olvidada.

ECHAR RAÍCES

La enfermedad del desarraigo, epidemia endémica del ser
humano.
Ocupaciones forzosas que imponen costumbres alejadas de lo
real.
La separación del mundo,
creación de una atmósfera impenetrable.
El arte se encuentra a sí mismo,
la creatividad aflora y se convierte en hogar.
En el artista emerge la individualidad, la connivencia del ser
humano con su propio escape.
La cultivación del pensamiento como una mecanización
proletaria.
Concebir el trabajo como medio de liberación.
La incapacidad actual de echar raíces.
No conseguir aspirar a más que sobrevivir.
Espirales de desesperanza,
evidencias de la no posesión del control de nuestras decisiones.
Guiados por la marea social, atrapados en un espejismo de lo
que somos.
Dos amantes que conocen de lo finito de su intimación,
que encuentran el disfrute en lo imperfecto.
Encontrarse sumido en acciones por compulsión.
La muerte de la consciencia por inanición,
existencialismo ahogado en una rutina.
Cultivamos las relaciones en las horas muertas, como ocio.
Relaciones que en concepción son fuego de la vida,
la importancia de nuestra permanencia.
Al borde del último suspiro, en una cama de hospital,
florece el vínculo con un mundo del que dejamos de ser
partícipes;
alienación moderna, irrelevancia vital.

INTERCONECTADOS

Hoy no estás a mi lado,
aunque te siento cerca, un abrazo grita más que nunca.
Nuestros labios lloran, no estar juntos es un castigo;
la espera es una vida sin ti.
La tranquilidad de tu presencia se desvanece al oír los
cascabeles.
El aire es frío y las ventanas están cerradas.
Los latidos se escuchan a través de mi pecho,
las inseguridades crecen en la sombra,
mi felicidad se diluye en un vaso de agua.
Una sola mirada despierta mi alma,
una caricia me recuerda todo lo que somos.
El cielo es gris pero la lluvia aún no ha despertado.
Vuelven a sonar los cascabeles, tus pasos te delatan,
tu forma de soltar las llaves me dice que eres tú.
Mi corazón dibuja una sonrisa,
tus manos lo hacen en mi rostro;
el tiempo se detiene en un choque de lágrimas.
La inexactitud de mis palabras,
tu silencio me hace dar cuenta que el perdón es inherente,
una ráfaga de amor concluye la conversación.
Está lloviendo, me calmas.

FOSAS COMUNES

En una realidad desgastada por el propio ser humano,
encontramos la fortaleza en la debilidad del resto.
La desigualdad latente se muestra en un sentimiento,
querer permanecer al tiempo contra la mera supervivencia.
La expresión más pura de la maldad se vierte en la cuenca de
una persona solitaria.
La reproducción de comportamientos, la imitación de defectos.
Encontrar paz solo en uno mismo, buscar la excitación en el
sufrimiento ajeno.
El mal personificado, enjaulado en sus delirios.
El horror metafísico, audaz y sediento de protagonismo.
No existe el más mínimo atisbo de cambio, no hay esperanza.
El mejor actor detrás del mayor telón, la realidad.
La pérdida de consciencia, solo una muestra del demonio.
Un demonio que busca el perdón divino, que se redime.
Una manipulación tangible que se materializa en sus palabras.
La purga de los pecados, el cambio de paradigma;
solo se hace más fuerte en la mentira.
Cientos de vidas amputadas, que aún son sentidas por sus
familiares.
Innumerables gritos de desesperación que despiertan el
erotismo de la sangre.
La despedida que recalca la naturaleza del ser,
despreciable y metódico; recuerdo imborrable en la vida de los
que aún están.
Le fascina la oscuridad, necesita de la soledad.
Unas últimas palabras que miran al corazón y lo destruyen;
la impotencia latente en la tristeza humana.
Un suspiro que se pierde en el tiempo, una mirada a la nada.

El vacío existente dentro de la carcasa humana,
lo poco que vale la vida en un sistema judicial;
lo irreparable del daño en la pérdida.
El pecho se encoge, la respiración cada vez es más superficial;
el diálogo con el emisario de la muerte es el principio.
Su tranquilidad aterra.
La verdad es el tema tabú,
su personalidad escondida está deseando manifestarse.
Hundido en su iris, la sonrisa del mal se hace presente;
la invitación a la caverna de lo diabólico,
sentado frente a la oscuridad.

INJERENCIA

El cielo está nublado.
Tú eres mi certeza de la permanencia del sol.
En una sala llena de ruido, de gente, de vida;
solo puedo fijarme en ti.
Tus ojos, puestos en tus libros, ni siquiera se han dado cuenta
de mi presencia.
Mis manos te dibujan a través de mi recuerdo.
No puedo dejar de pensar en ti, mi corazón no me lo permite.
Eres mi fuente de inspiración, mis letras ordenadas, se repiten.
Mi alma está en calma, no necesito nada más que saber que
estás ahí.
La vida es un laberinto, no tengo mapa y no lo necesito;
de tu mano el infinito es real.
Quererte es solo el principio de mi vida,
los puntos suspensivos que evocan a la imaginación.
La personificación de mis escritos,
un lápiz que se desgasta al escribir,
dejando un bonito poema tras de sí.
Te quiero, por encima de lo humano;
de mis limitaciones físicas.
Proyecto mi corazón a la eternidad,
solo concibo perdurar en tus brazos.
Plasmar nuestra unión en las constelaciones;
haciendo de ellas una guía de nuestro amor.
Quererte por encima de mis posibilidades,
rivalizando mi existencia postergándola a la perpetuidad.
Mi injerencia con lo divino pasa por tus manos que relatan la
ascensión del ser humano.

Una unión que nos acerca a lo ideal,
una banalización del sentimiento;
la consecución de la inmortalidad.
Escaleras de caracol que ascienden más allá de las nubes,
oasis en mitad de la avenida;
un solo roble erguido en la plaza del pueblo.
Mis ojos que solo brillan por ti.
Experimentar el vacío espiritual de afrontar solo una vida a tu
lado.
Abandonar la experiencia individual para fusionar nuestras
yemas.
La propia experiencia del recuerdo en manos del futuro,
moldear el presente en base a tus caricias;
perderme en el sendero de la locura.

UN ÚLTIMO SUSPIRO

La lucha nunca termina, la tranquilidad no asoma.
La luz poco a poco se va desvaneciendo en un tumulto de gente
que se agolpa.
Pretender confiar más allá de nuestras manos, actos banales.
Los golpes no cesan, la música ya no es sentida.
Cualquier atisbo de mi yo anterior es solo un recuerdo,
una foto en la pared.
Cinco minutos parecen una eternidad,
el cambio es real y asusta.
Las puertas, encalladas en el marco, no presentan cerraduras.
La voz en mi cabeza no me permite descansar,
cerrar los ojos y vivir otra vida, estar ausente.
Soñar despierto para encontrarme un infierno al despertar.
Juez y verdugo de mis propias decisiones,
preso de las expectativas.
La oscuridad se alza, una voz pide a gritos ayuda.
Sentirse solo en una batalla imposible de ganar,
sobrevivir es una forma de derrota.
La vida hace tiempo que perdió su significado,
los libros me cuentan historias que ya he leído;
escribir es solo una repetición de mis pensamientos.
Hundido en una aterradora rueda de sucesos y rutina,
únicamente espero a que mi último aliento se produzca antes de
que mi mente me devore.
Ocupo un cuerpo vacío.
Sentado solo en la barra, el vaso parece un pozo infinito.
No hay motivo por el que seguir.
Sentado en la cornisa, el abismo parece un pozo infinito.
Me adentro en él.

AMICĬTAS

Buscar la paz en el calor de una chimenea,
las brasas crecen, las cenizas se muestran.
Producto de lo que algún día fueron,
una visión de nuestra vida.
La paz de uno mismo interviene con nuestra naturaleza.
La imposibilidad de encontrarnos sin coincidir con otros,
una necesidad vital de compartir, hallando una mirada
cómplice.
Querer ser uno mismo sin dejar de ser para los demás,
una estantería a la que no alcanzamos ningún libro.
Tropezar con similitudes y bonitas casualidades,
querer sin necesidad del tacto;
una intimación que subyace en la idealización.
Merodeando nuevos lugares que ya habían sido visitados,
la visión ha cambiado, nosotros hemos cambiado.
A la luz de nuestros recuerdos nos reunimos,
sabemos cómo hemos sido, pero nos redescubrimos;
no somos, pero pretendemos.
A través de una risa nos conectamos,
en la penumbra de un bar en la noche añoramos lo que fuimos.
No obstante, ahora nos mostramos.
Caminamos juntos un sendero tortuoso y arduo,
que una nuestros destinos.
He sufrido una transformación, pero sigo siendo yo.
La bifurcación en la vida es inevitable,
en mi corazón sigue habiendo hueco para los que ya
estuvieron.
No he sido parte del crecimiento,
no he subido en el ascensor hasta alcanzaros.

Nadie me advirtió de dónde encontraros,
no supe cómo continuar ese capítulo del libro que hablaba de
vosotros.

SENTIMIENTOS PERENNES

La fragilidad del cuerpo se enfrenta al placer de lo físico.
El frío que recorre tus piernas mantiene tu ferviente amor por
mí.
Los vientos de octubre nos recuerdan cómo nos conocimos,
nuestra habitación como único testigo.
Nos fundimos en miradas delatoras,
mesas infinitas en las que conectamos pensamientos;
momentos en que nos abrazamos a través del tiempo.
La tempestad se mostró cautelosa al vernos llorar,
retrocede el océano cuando nos besamos,
el big bang al chocar nuestras yemas.
Tus miedos me atrapan, te calmo siguiendo el curso de tus
latidos.
Empapados de amor nos convencemos de una vida
insuficiente.
Subimos al vagón otra vez, nos perdemos en los caminos que
no sabíamos ver.
Contaba los "te quiero" apoyado en tu regazo,
miraba las nubes, mientras tus caricias activaban mis nervios.
Mis ojos, quietos y firmes, te mantienen la mirada.
Los tuyos me la devuelven con una carcajada.
Entrecierro mi alma para que puedas pasar,
nuevos lugares para envejecer.
La piel se adapta a tu tacto,
tus vellos hablan.
Quererte es más que solo sentir,
es una traslación de mi cuerpo a nuevas formas de vivir;
donde los relojes atenuaban su castigo,
donde el tiempo desquita sabores prohibidos.

El suelo cubierto de hojas en mi habitación,
el otoño se ha adelantado para verte sonreír.
La culpa de no ser suficiente si piso en tus huellas.
Te buscaré donde estés,
cubriendo mi alma de acero para soportar tu ausencia.
La realidad se desvela cuando apareces,
el sueño navega con tu alma errante,
verme desde lejos usando tu iris para enfocar nuestro amor.

SUSURROS DE PECADO

La entrega del ser humano a la maldad es parte de su
naturaleza,
la depravación del mismo es la consecuencia del abandono de
la moral.
Los excesos vienen acompañados de regocijo por deleite,
los lamentos son inexistentes en una mente ennegrecida por sus
propias convicciones.
La felicidad del individuo en la tortura ajena,
el goce sexual al ver una lágrima correr por la mejilla.
Un camino de redención que jamás se recorrerá,
auspiciado por su propio círculo;
engullido por lo recóndito de la profundidad de la mente
humana.
Encarcelado por crímenes aún no reconocidos por la
psicología,
diagnosticado con patologías futuristas.
Muestra de la oscuridad latente en el corazón,
reflejo de la virtud en la repulsión.
Espejismo de lo real, macabro por su veracidad.
La clandestinidad de la lujuria donde la vida pierde sentido,
emerge una naturaleza cruel que no se contenta con lo material.
La puerta a su escondite es el dinero,
el poder es el velo que lo encubre;
la mentira, solo un recurso más en el escenario.
El imperio del mal se yergue en la mente del ser humano,
ubicado en el sótano de un castillo;
nadie sabe de su existencia, la humanidad se desvanece con los
gritos.
Dios silencia los horrores de su creación.

LLUVIA DE PRIMAVERA

Ser capaz de sentir, más allá del tiempo.
La sensibilidad trascendental a mis parámetros del amor.
Una pequeña puerta a las vidas de otros.
Un llanto desconsolado con el cantar del viento,
el sonido de la guitarra que ya no se escucha.
Melodías que retroceden el tiempo, retuercen mi corazón.
Pájaros que ya no regresan con el invierno,
un invierno eterno que nunca acaba.
Hay hielo en mis manos, no puedo sentir.
La nieve es cada vez más densa, mi corazón se congela.
Sumido en una distopía que me consume,
tratar de andar es una travesía; en un plano fundido a negro que
tiñe mi vida.
Colores anaranjados otoñales, lo recuerdo con nostalgia.
La neblina espesa que centraba la mirada al inmediato futuro,
el vértice donde convergen la tierra y el cielo.
Escuchar carcajadas, fogones encendiéndose,
el bullicio de una casa.
Un olor característico a comunidad, la percepción del amor a
través de los sentidos.
El camino entre los robles que me conduce a mi hogar,
una carretera de asfalto recubierta por hojas.
Poder vivir en mis recuerdos es solo un sueño,
pero ni en mis sueños lo logro.
La pesadilla es humana, la ausencia me persigue sin descanso.
Estoy solo, aunque las voces siempre me acompañan.

BELLAS HERIDAS

El mundo a través del arte,
una visión única e individualizada.
Los trazos de la historia en un lienzo.
Agónicas visiones sobre el futuro,
una descripción sobre otras realidades en base a nuestra
alteridad;
causalidades temporales que devienen en premoniciones.
Historias que viven, figuras que hablan y se mueven.
Ruido de conversaciones pasadas,
confluyo con todos los espectadores.
Lo bello explota la concepción de nuestros ojos,
llanto desconsolado que brota del alma.
Un viento helado recorre la sala,
se ha vaciado de repente, el silencio se personifica.
El cuadro me mira, consigo traspasar el lienzo,
el artista me permite nadar en sus recuerdos.
Las emociones convergen en mi ser,
el ritmo cardíaco se acelera;
la teatralidad del mundo detrás de las pinceladas,
la quimera del ser humano.
El dolor de la representación de la negación vital,
el desconsuelo de vivir por los ojos.
Atormentados por alcanzar lo bello solo en la contemplación.

INFINITO

Lo natural es perpetuo, en el confluir de nuestros sentidos,
no hay más que incapacidad en nuestra vida.
Seres sintientes que se muestran irreverentes a lo eterno.
Lluvia, mar, óxido, aire.
Aquello que se escapa a nuestro entendimiento, la
convergencia de lo natural y lo eterno; ahí nos encontramos.
Cualidades infinitas, sentir tu presencia en las gotas de mi
frente, en el pasto de la ladera.
Nuestros pensamientos, esclavos unos de otros, traspasan la
firme creencia de lo material.
Son translúcidos.
Sentirte a mi alrededor desde el brote más puro de la creación,
sentirte como parte de lo inmarcesible.
Un beso en la madrugada, solitarios en medio del bullicio y el
tránsito.
Perdidos en la esencia de nuestras almas, conectadas por lo
invisible del funcionamiento terrenal.
21 gramos que se elevan de mi cada vez que nos sentimos,
porque dejo de ser para ser tuyo.
Convergemos en el vínculo estrecho de nuestros pechos,
unidos por músculo y hueso.
Atrapado en el calor de tu amor y en el frío de tu desprecio,
¿cómo sería capaz de vivir sin pensarte desde lo más ingenuo
de mi existencia?
¿Cómo viviría sin sentirte en las gotas de mi frente, en el aire
que refresca mi rostro?
En tus abrazos te siento, se extienden las paredes hacia la
infinidad de tu pensamiento.
Pero también te siento en el mundo, en su todo inabarcable.

Eres la eternidad de mi amor, todo aquello que me roza, que me empuja a seguir vivo.

Eres la personificación de mis delirios, la inmaterialidad de mi ser;

quien me enseñó la eternidad de un abrazo, la nula densidad de la niebla cuando me tiendes tu mano.

Eres la sensación de evasión, una pequeña muestra de otros mundos;

la capacidad para desvanecerte de mis manos, mientras te apareces en cualquier evento rutinario sin que siquiera seas consciente.

Mi cuerpo, con fecha de caducidad, es objeto, incapaz de sobrepasar sus propias reglas.

En tu recuerdo de un futuro aún indescifrable, apareces.

Haciendo del amor un viaje, una búsqueda de lo desconocido; existencia que se desvanece de lo que puedo aprisionar.

Un latente funcionamiento de nosotros como sinergias atemporales que se tuercen en lo natural, sustancialmente equívoco,

y que hallan un camino habitable en la inexistencia de lo cognoscible.

Allí donde la oscuridad es imperturbable, donde la única luz es aquella que emerge de la fricción de nuestros cuerpos sumidos en vacío,

un vacío que se presenta incierto, que duda de sí mismo al notar la presencia de los dos, convertidos en nuestra propia existencia inabarcable.

ÍNDICE